Im  leben viele .

Sie schwimmen umher.

Sie spielen zusammen.

ABFALLI

Bilderklärungen

Meer

Tiere

Boot

Mann

Müll

Öl

Fahrrad

Fisch

Tintenfisch

Krabbe

Flasche

Hai

Kind

Seepferdchen

Delfine

Da kommt ein  .

Ein  wirft  ins  .

ABFALLI

Der  kommt wieder.

Er schüttet 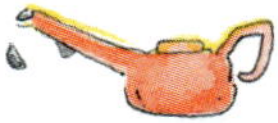 ins .

Er wirft ein altes  hinein.

: Das geht so nicht!

Wir müssen etwas tun!

PROTEST

Viele  treffen sich.

Alle sind wütend.

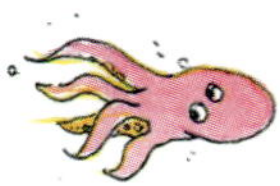: Schwimmen ist doof!

Das  ist so schmutzig!

: Ich habe mich verletzt!

An dieser !

PROTEST

Ein  schlägt vor:

Ich erschrecke den  einfach!

Dann kommt er nicht wieder!

ABFALLI

Der  ist wieder da.

Ein kleines  ist auch dabei.

Es passt nicht auf.

Plumps – es fällt ins .

Hilfe
GEFAHR!!
Hilfe

Zwei  sehen das.

: Helft dem , bitte!

Da kommen zwei .

ABFALL I

Die  retten das .

Sie bringen es zum .

Der  bedankt sich.

ABFALL I

Das  ist voller .

Es sagt zu dem :

Die  sind toll!

Sie haben mich gerettet!

Bitte, wirf keinen  ins !

ABFALL!
SAUBERE SEE!

Der  kommt wieder.

Er taucht tief hinab.

Dort sammelt er den  ein.

Die  sind froh.

Das  ist wieder sauber!

Lesetexte mit Silbentrenner

Geschichten aus aller Welt

Sagen, Märchen und Erzählungen aus Europa, Afrika, Amerika und Asien
Jedes Heft: 21 x 21 cm, vierf., Gh, 16 Seiten

Bestell-Nr. 2400-10

Bestell-Nr. 2400-11

Bestell-Nr. 2400-13

Bestell-Nr. 2400-12

Bestell-Nr. 2400-14

Weitere Informationen und weitere Titel der Reihe unter:
www.mildenberger-verlag.de/256

Lesetexte mit Silbentrenner

Ja sowas! – Sachthemen, kindgerecht und spannend

Von unseren inneren Organen bis zu den Geheimnissen unseres Sonnensystem

Jedes Heft: 19,3 x 21,9 cm, vierf., Gh, 16 Seiten

Bestell-Nr. 2400-65

Bestell-Nr. 2400-66

Bestell-Nr. 2400-67

Bestell-Nr. 2400-68

Bestell-Nr. 2400-69

Weitere Informationen und weitere Titel der Reihe unter:

www.mildenberger-verlag.de/822

3-fach differenziert

	Schwierigkeitsstufe A	Schwierigkeitsstufe B	Schwierigkeitsstuf[e] C
	Bestell-Nr.	Bestell-Nr.	Bestell-Nr.
Heft 1: Wo ist Mama?	**190-11**	**190-21**	**190-31**
Heft 2: Eine gute Idee	**190-12**	**190-22**	**190-32**
Heft 3: Bei den Welpen	**190-13**	**190-23**	**190-33**
Heft 4: Der Umzug	**190-14**	**190-24**	**190-34**
Heft 5: Das neue Zuhause	**190-15**	**190-25**	**190-35**
Heft 6: Hinaus ins Freie	**190-16**	**190-26**	**190-36**
Heft 1 bis 6	**190-10**	**190-20**	**190-30**
Differenzierte Arbeitsblätter als KV Bestell-Nr. 190-38	*Streubilder für Nomen, erhöhter Silbenabstand, große Schrift*	*Kurze Sätze, kein zeilenübergreifendes Lesen*	*Längere Sätze, zeile[n]übergreifendes Lese[n] in Sinnabschnitten*

Heft 1

Heft 2

Heft 3

Heft 4

Heft 5

Heft 6

Weitere Informationen und weitere Titel der Reihe unter:

www.mildenberger-verlag.de/758